Für Johanna und Sophie

Bibliothèque nationale de Luxembourg – CIP Einheitsaufnahme
Kochbuch – Schnell · Gesund · Einfach – Brigitte von Boch
OvB Publishing, Luxembourg 2000
ISBN 2-919918-04-4

BRIGITTE von BOCH

KOCHBUCH

Schnell · Gesund · Einfach

Photographie: Martin Wolf, Jochen Arndt und Frank Melzer
Photostyling: Franz-Joseph Wein

EIN KOCHBUCH

Kochen ist meine heimliche Passion. Gutes Essen betört alle Sinne – der Geruch, der Anblick und schließlich der Geschmack eines perfekt zubereiteten Gerichts verwandeln einen durchschnittlichen Tag in etwas Besonderes. In meiner Küche muß es jedoch nicht nur gut schmecken, sondern es wird vor allen Dingen schnell und gesund gekocht.

Kochen ist eine Kunst, die zu beherrschen sich lohnt. Denn mindestens zweimal nehmen wir am Tag eine warme Mahlzeit zu uns. In unserem Leben sind das ungefähr 50.000 Gelegenheiten, gut zu essen. Allerdings wird die Zeit, die wir für den Einkauf, die Zubereitung und den Verzehr der Speisen zur Verfügung haben, immer kürzer.

Wie wichtig ist jedoch eine ausgeglichene Ernährung nicht nur für unseren Körper, sondern auch für unseren Geist. Der Tisch, um den wir uns zu einem Mittag- oder Abendessen sammeln, ist immer noch der kommunikative Mittelpunkt in einem Haus.

Ich will mit diesem Buch zeigen, daß jeder in kurzer Zeit etwas Köstliches zaubern kann und dabei sicher mehr Spaß und Freude hat, als wenn er ein Fertiggericht vor dem Fernseher verschlingt.

Herzlichen Dank noch einmal an alle Leser und Leserinnen für die vielen Briefe und Karten, die Sie mir geschickt haben. Die Freude über aufmunternde Worte ist genauso groß wie die Bereitwilligkeit, sich mit berechtigter Kritik auseinanderzusetzen.

Mein Dank gilt auch dieses Mal wieder meinem Team, das mir die Produktion dieses Buches ermöglicht hat. Ganz besonders möchte ich in diesem Zusammenhang Frank Pahlke danken, der mit mir die Rezepte erarbeitet und zubereitet hat. Auch Franz-Josef Wein und die Photographen Martin Wolf, Jochen Arndt und Frank Melzer machen mit ihrem Einsatz und ihrer Freude den großen Erfolg meiner Bücher möglich.

Mein Dank gilt außerdem: meinem Sohn und Verleger Oliver und den Mitarbeitern im Verlag, Petra Hüttermann, Rolf Hüttermann, Andreas Hoyer, meinem Team zu Hause: Dorothy, sowie Herrn Burg, Herrn Walinsky, Herrn Hussong, meiner ganzen Familie und all den Freunden, die an der Verwirklichung dieses Buches mitgeholfen haben.

KOCHEN

Gut, gesund und schnell zu kochen ist keine Hexerei. Wie überall im Leben braucht es einfach ein Interesse an der Materie – an der Auswahl der Zutaten genauso wie an der Zubereitung und der Dekoration des Essens. Trotzdem gibt es für den Anfänger ein paar Tricks und Grundregeln, die den Umgang mit dem Kochen leichter machen.

Gesund Kochen

Um gesund zu kochen sollte man zuerst einmal eine gesunde Einstellung zum Essen haben. Extreme Ernährungsphilosophien und Diäten führen meist nicht zum erwünschten Ziel, sondern werfen das Gleichgewicht des Körpers durcheinander.

Aus diesem Grund sind die wichtigsten Eigenschaften, die einen guten Koch ausmachen, sein Gefühl, seine Liebe und seine Sorgfalt, mit der er die Zutaten für seine Speisen aussucht und diese dann zubereitet. Abwechslung im Speiseplan und die sorgfältige Zubereitung sind die besten Garanten für eine ausgewogene Ernährung, die den Körper mit allen Nährstoffen versorgt, die er benötigt.

Ein gesundes Leben ist vor allen Dingen ein Leben voller Lebensfreude. Genießen ist Teil dieser Freude, die wir jeden Tag empfinden sollten, wenn wir uns an den Tisch setzen.

Viele von uns haben verlernt, zu normalen Zeiten normale Portionen zu essen. In jeder noch so kurzen Pause stopfen wir uns mit den verschiedensten Pausensnacks voll. Am Abend denken wir, daß unser gedrängter Zeitplan es rechtfertigt, Fertiggerichte und Pizza im Übermaß zu verzehren.

Die Art dieser ungesunden Ernährung versuchen wir dann mit rabiaten Diäten auszugleichen. Je extremer jedoch die Maßnahmen, desto extremer die Belastung für den Körper. Dabei braucht unser Körper nur eine ausgeglichene Küche, die genug Nährstoffe, Mineralstoffe und Vitamine enthält.

Das Gelingen eines Gerichtes hängt in meinen Augen mit der Qualität der Zutaten entscheidend zusammen. Eine Gazpacho in Andalusien, die mit sonnenverwöhnten Tomaten zubereitet wird, schmeckt um Welten besser als eine, die aus Gewächshaustomaten besteht.

Für meine Küche ist Olivenöl ein unersetzlicher Grundbaustein. Es schmeckt nicht nur, es enthält auch ungesättigte Fettsäuren, die der Körper dringend benötigt. Jeden Tag benutze ich deshalb reichlich Olivenöl für Salate, Pasta, Fisch oder einfach nur auf ein frisches Stück Brot mit ein wenig Salz – köstlich.

Wichtig ist, daß es sich um ein „vergine“ Öl handelt, auch natives Olivenöl, das so fein ist, daß es nicht raffiniert werden muß. Öl, das „extra vergine“ ist, enthält sogar nur 1% Säure.

Ich lege so großen Wert auf die Qualität meines Öls, daß ich aus diesem Grund schon seit Jahren von einer Freundin aus Italien selbstgemachtes Öl beziehe.

Zwei Zutaten sollten generell nur spärlich benutzt werden: Zucker und Salz. Zucker liefert zwar Energie, aber keine Nährstoffe und Vitamine. Kochsalz ist in den meisten unserer Speisen reichlich enthalten, im Durchschnitt dreimal soviel, wie vom Körper benötigt wird. Gewürzt wird deshalb besser mit frischen Kräutern.

In unserem Haus sind wir inzwischen praktisch autark. Unser Gemüse kommt aus dem eigenen Gemüsegarten, das Fleisch kommt von den eigenen Rindern und das Obst von unseren Obstbäumen. Dies ist natürlich, wenn man nicht auch einen landwirtschaftlichen Betrieb führt, undenkbar.

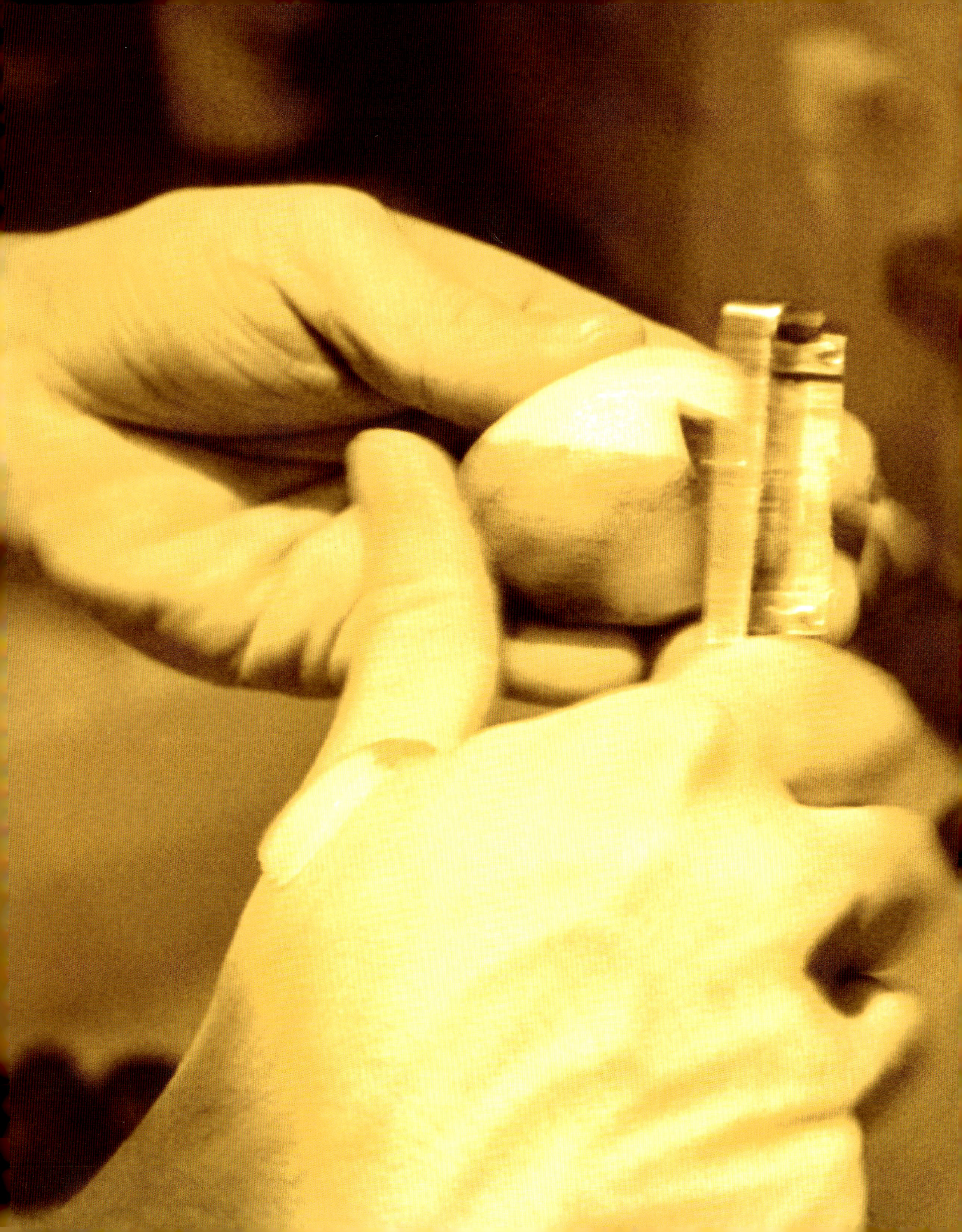

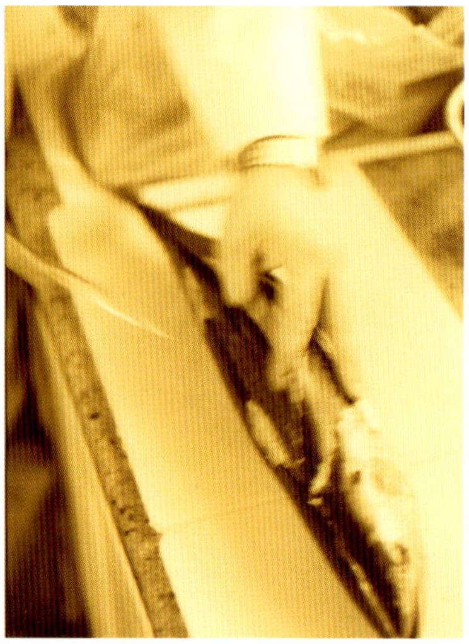

Trotzdem ist es einfacher geworden, hochwertige Lebensmittel einzukaufen, ob auf Bauernmärkten oder in den Supermärkten. Letztere haben das neue Bewußtsein ihrer Kunden längst für sich entdeckt.

Es lohnt sich allemal, die Etiketten der Produkte zu studieren, um zu prüfen, ob Zusätze benutzt werden, die Geschmack oder Frische erzeugen. Dabei ist es wichtig, sich nicht auf die Werbeaussage zu verlassen, daß ein Produkt gesund sei, denn dies bedeutet meist wenig.

Ich achte darauf, daß ich Produkte aus der nächsten Umgebung kaufe, denn die haben den Vorteil, daß ihre Vitamine nicht auf einem langen Transport und Lagerung verloren gegangen sind.

Gesund ist vor allen Dingen auch eine dauernde Abwechslung im Speiseplan. Einen Tag Pasta, den anderen Salate, dann Fleisch und schließlich einen Fisch. Wenn der Geldbeutel es nicht zuläßt, dann ist es allemal besser, dreimal Pasta zu essen und nur einmal ein wirklich guten Fisch zu grillen, als die ganze Woche Fischstäbchen zu braten.

Schnelles und einfaches Kochen

Es versteht sich von selbst, daß schnelles Kochen in diesem Fall nicht heißt, das ein Fertiggericht in die Mikrowelle gestellt wird, sondern daß nicht Stunden für schwere Saucen und andere schwierig zu bereitende Beilagen aufgewandt werden. Diese Übungen sollten sich die wirklichen Profis vorbehalten oder der begeisterte Laie, der die Zeit in seinem hektischen Alltag findet, sein Hobby auszuleben.

Schnelles Kochen heißt aber auch, daß die wichtigen Nährstoffe nicht aus den Lebensmitteln gekocht werden, sondern daß nur leicht angebraten, gedünstet oder vieles am besten roh verarbeitet wird.

Kochen ist eine sehr persönliche Angelegenheit und in vielen meiner Rezepte bleibt es Ihrem persönlichen Geschmack überlassen, die Maße und Zutaten beliebig zu variieren. Dieses Kochbuch soll die Freude am Kochen wecken und Sie nicht in Streß versetzen.

Pasta

Die Nudel, die wir als die Leibspeise der Italiener kennen, hat um 1290 ihren Weg aus der Mongolei nach Venezien gefunden – im Gepäck des Abenteurers und Entdeckers Marco Polo. Sie ist den Chinesen allerdings schon seit 3500 Jahren bekannt.

Heute liegt das Zentrum der Nudelindustrie in Süditalien, in der Nähe von Neapel, wo der beste Hartweizen angebaut wird, dessen Qualität unter anderem darauf zurückgeführt wird, daß er wenig Wasser aufnimmt.

Es gibt unendlich viele verschiedene Sorten Hartweizennudeln: Spaghetti, Vermicelli, die sich am besten für Tomatensaucen und Pesto eignen, Maccheroni, Rigatoni und Penne, die besonders mit Fleischsaucen harmonieren, um nur einige Sorten zu erwähnen.

Bei der Auswahl gilt es darauf zu achten, daß es sich wirklich um Hartweizennudeln handelt, sonst werden sie beim Kochen zu einer klebrigen Masse. Eiernudeln wie Tagliatelle und Fettuchine dürfen ausschließlich frisch zubereitet oder eingekauft werden.

Eine Pasta zuzubereiten ist eine Kunstform. Nie sollte zuwenig Wassser im Topf sein. Die Wichtigkeit der Kochzeit kann nicht genug beachtet werden. Dauerndes Probieren der Nudeln, damit sie ihre Bißfestigkeit behalten oder, wie der Italiener sagt, „al dente" gekocht werden, ist essentiell.

Fisch

Fisch ist ein besonders wertvolles Lebensmittel, denn er enthält hochwertiges Eiweiß, das als Hauptlieferant von Spurenelementen und Jod dient. Früher war Fisch ein günstigeres Lebensmittel und in England in der Form von Fish and Chips sogar ein Essen der Arbeiterklasse. Heute, nachdem seine Qualitäten auf breiter Basis anerkannt und beliebt sind, gilt Fisch als eine Delikatesse.

Fisch ist leicht verdaulich und bekömmlich, allerdings sollten auch hier einige Regeln beachtet werden: beim Einkauf muß der Fisch praktisch lebendig aussehen, mit leuchtenden Farben und festem Fleisch und einer klaren Schleimschicht auf den Schuppen. Außerdem müssen die Augen klar sein, hervorstehen und über eine schwarze Pupille verfügen. Im Kühlschrank darf Fisch nur maximal einen Tag aufbewahrt werden, am besten in eine Zeitung eingewickelt. Angetauter Fisch darf auf keinen Fall wieder eingefroren werden.

Eier

Eier bieten dem Körper nicht nur biologisch hochwertiges Eiweiß, sondern sie enthalten darüber hinaus alle für den Körper wichtigen Vitamine, außer Vitamin C, und viele Mineralstoffe. Eier sind gut verdaulich. Die Mär, daß es einen Qualitätsunterschied zwischen braunen und weißen Eiern gäbe, kann wohl getrost vergessen werden. Die Farbe weist nur auf die Rasse der Hühner hin. In der Türkei werden allerdings die Eier immer noch in Mokka gekocht, damit sie schöner aussehen.

Wichtig ist es auch, bei den Eiern die Frische festzustellen. Zwei Tests bieten sich an: Im Laden eignet sich besonders der Schütteltest, bei dem das Ei kräftig geschüttelt wird, um festzustellen, wie groß die Luftblase im Innern bereits geworden ist. Wenn die Eier deutlich schwappen, sollte Abstand gehalten werden. Zuhause kann das Ei auch waagerecht in Wasser gelegt werden. Bleibt das Ei in dieser Position, ist es frisch, stellt es sich senkrecht auf, ist Vorsicht geboten. Da die Schalen porös sind, sind sie auch geruchsdurchlässig. Die Eier sollten deshalb nie neben Zwiebeln oder Käse liegen.

Eier sind in der Küche ein wichtiges Hilfsmittel, so dienen sie z. B. als Bindemittel für Flüssigkeiten, zum Auflockern von Schaummassen, zum Legieren von Saucen und Suppen und schließlich können sie auch zum Klären von Brühe verwendet werden.

Käse

Käse ist ein Lieferant von hochwertigem Eiweiß und enthält kaum Kohlenhydrate. In Kombination mit Getreideprodukten, wie Brot und Nudeln, harmoniert er am besten. Wichtig ist, daß der Käse einem natürlichen Reifeprozeß unterzogen wird, deshalb sollte er in der Speisekammer oder in der Küche lagern, und nicht im Kühlschrank.

Der für mich wichtigste Käse in der Küche ist der Parmesan, den ich am liebsten roh mit Feigen oder gerieben auf Pasta esse. Am besten kauft man den Parmegiano-Reggiano am Stück. Fertig geriebene Sorten sind unter allen Umständen zu meiden.

Gemüse

Gemüse ist ein sehr wichtiger Bestandteil und eine Selbstverständlichkeit in meiner Küche: Jedes Fleisch, jeder Fisch wird für mich erst zum Genuß, wenn ich dazu etwas frisches Grünes serviere. Auch eine Pasta sollte von einem Salat eingeleitet oder beendet werden.

Wenn ich von blanchieren spreche, meine ich, das Gemüse bißfest in sprudelndem Salzwasser kochen, in Eiswasser abschrecken und zur weiteren Verarbeitung verwenden.

Je frischer das Gemüse ist, desto mehr Vitamine enthält es. Deshalb ist die Ernte im eigenen Garten oder der Einkauf auf dem Bauernmarkt die beste Gewähr für den Erhalt der Vitamine. Beim Einkauf sollte darauf geachtet werden, daß nicht zu große Mengen eingekauft werden. Ich halte mich auch immer an die saisonalen Gemüsesorten, denn diese sind nicht nur billiger, sondern garantiert auch frischer.

Besonders prall und farbig aussehendes Gemüse ist nicht immer das Beste. Auch hier empfiehlt es sich, die Anbaugebiete in Erfahrung zu bringen, da in vielen Ländern sehr großzügig mit Dünge- und Pflanzenvernichtungsmitteln umgegangen wird.

Gemüse sollte immer gründlich gewaschen werden, aber nie zu lange im Wasser liegen, das entzieht die wichtigsten Vitamine und Mineralien. Beim Kochen ist eine ähnliche Übervorsicht wie bei der Pasta geboten, es gibt nichts Traurigeres und Nährstoffärmeres als verkochtes Gemüse.

Reis

Reis ist eiweiß- und fettarm sowie reich an Stärke und den Vitaminen B1, B2 und Kalium, dabei wirkt er entwässernd und ist leicht verdaulich. Wichtig ist beim Reis, daß er nicht mit zuviel Wasser gedünstet wird, denn sonst gehen auch ihm viele seiner Nährstoffe verloren. Als Faustregel gilt, daß 2,5 Tassen Wasser auf eine Tasse Reis verwendet werden sollen.

Ob man den gesünderen braunen Reis, oder den länger haltbaren und nährstoffärmeren Weißreis bevorzugt, ist Geschmackssache. Entscheidend ist nur, daß für ein Risotto die Sorten Arborio, Caneroli oder Vialone Nano verwendet werden, denn nur diese nehmen beim langen Garen Wasser auf, ohne matschig zu werden.

Brot

Jedes Land zeichnet sich durch sein typisches Brot aus. In Deutschland kann man jedoch die meisten – und in meinen Augen auch besten Sorten kaufen. Beim Nährwert von Brot gibt es große Unterschiede. So kann man Toastbrot getrost als nährstoffarm bezeichnen, während Vollkornbrot alle nötigen Ballaststoffe für den Körper beinhaltet.

DIE PASTA

Die beste Pasta im schönsten Ambiente habe ich in Harry's Bar in Venedig gegessen. Der einfache Luxus dieses Restaurants reflektiert die Eleganz und Funktionalität der aus Hartweizen gewonnenen italienischen Delikatesse, die sich jeden Tag in Form der verschiedensten Saucen neu „einkleiden" und genießen läßt. Eine gut zubereitete Pasta ist ein Kunstwerk, vor dessen Künstler ich mich tief verbeuge.

KENNST DU DAS LAND? WO DIE ZITRONEN BLUEHEN
J. W. VON GOETHE

SPAGHETTI AGLIO, OLIO, PEPERONCINO

Zutaten für 4 Personen

500 g Spaghetti
2 Knoblauchzehen
2 kleine getrocknete Chilischoten
1 Bund Blattpetersilie
0,1 l Olivenöl
Salz, Pfeffer aus der Mühle
Parmesan

Wichtiger Bestandteil einer guten Küche ist der Knoblauch. Bin ich erschöpft oder fühle mich abgeschlafft, dann wirkt ein Teller mit Pasta und viel Knoblauch wahre Wunder. Den Geruch kann man übrigens gut mit ein bißchen Petersilie bekämpfen. Wichtig ist es, pralle, runde Knollen zu kaufen. Knoblauch aus heißen Anbaugebieten ist besonders scharf. Je feiner man den Knoblauch zerkleinert, umso mehr entwickelt sich sein Aroma.

Zubereitung

Die Chilischoten sehr fein würfeln und die Knoblauchzehen in feine Scheiben schneiden. Das Olivenöl in einer großen Pfanne leicht erwärmen und den Knoblauch und die fein gewürfelten Chilischoten in die Pfanne geben. Die Spaghetti al dente kochen, abschütten und direkt in den Topf zurückgeben. Dann mit dem Olivenöl, den Chilischoten und dem Knoblauch vermischen. Mit grobem schwarzen Pfeffer, gehackter Petersilie und frisch geriebenem Parmesankäse servieren. Die Knoblauchscheiben und der Chili können nach dem Andünsten auch entfernt werden.

PENNE ALL' ARRABIATA

Zutaten für 4 Personen

500 g Penne
200 g durchwachsener Speck
1 große Zwiebel
2 Knoblauchzehen
2 kleine Chilischoten
6 große Fleischtomaten
1/2 Bund Basilikum
Parmesan
Salz, Pfeffer
6 EL Olivenöl

Chilis haben eine gesunde, reinigende Schärfe. Wie scharf Chilis sein können, merkt man, wenn man bei der Zubereitung seine Augen reibt und sich danach wünscht, man hätte die teuflischen Dinger nie angefaßt. Chilis wäscht man unter kaltem Wasser, damit die reizenden Gase nicht in Gesicht und Augen steigen.

Zubereitung

Den Speck würfeln. Die Tomaten enthäuten, vierteln, das Kerngehäuse entfernen und dann in Stücke schneiden. Die Zwiebeln kleinhacken, den Knoblauch pressen und die Chilischoten klein würfeln. Den Speck mit Zwiebeln in Olivenöl in einer Pfanne anschwitzen, mit Salz, Pfeffer und dem gepreßten Knoblauch würzen. Zwischenzeitlich die Penne kochen. Die gewürfelten Tomaten werden ganz zum Schluß kurz in die Pfanne hinzugegeben, bis sie heiß sind. Den Basilikum in Streifen schneiden und ebenfalls in die Pfanne geben. Die Nudeln abgießen und mit Olivenöl beträufeln. Die Soße über die Nudeln geben und sofort servieren. Einige frische Basilikumblätter als Dekoration verwenden.

ASIATISCHE NUDELN AUS DEM WOK

Zutaten für 4 Personen

500 g Chinesische Nudeln
1 Stange Lauch
2 große Karotten
200 g Zuckerschoten
150 g gemischte Sprossen
Chilischoten
Sesamöl
Sojasauce
Asiatische Chilisauce
(aus dem Asia-Laden)
Ingwer
Pfeffer

Chinesische Nudeln werden entweder aus Reismehl, aus Weizenmehl oder aus gemahlenen Mungobohnen hergestellt. Diese extrem langen Nudeln, die in China ein Symbol für ein langes Leben darstellen und als traditionelles Geburtstagsessen gekocht werden, sind zu Päckchen gepreßt oder zu Bündeln geschnürt.

Zubereitung

Die Nudeln kochen, abgießen und abschrecken. Mit wenig Sesamöl begießen, um ein Zusammenkleben zu verhindern. Den Lauch, die Karotten, die Zucker- und die Chilischoten in feine Streifen schneiden. Alles in einem heißen Wok mit Salz, Ingwer, Sesamöl, Sojasauce und der asiatischen Chilisauce bißfest zubereiten. Die Nudeln dazugeben, unterheben und heiß werden lassen. Die Sprossen darüber streuen und kurz heiß werden lassen. Als Variante mit gebratenen Riesengarnelen servieren.

SPAGHETTI VONGOLE

Zutaten für 4 Personen
500 g Spaghetti
1 kg New Zealand Greenshells (tiefgekühlt)
2 große Zwiebeln
2 Knoblauchzehen
1/2 Bund Blattpetersilie
4 Fleischtomaten
1/2 l Weißwein
4 EL Olivenöl
Salz, Pfeffer

Spaghetti Vongole schmecken eigentlich am besten an der Küste Italiens, zubereitet mit frischen Muscheln. Dieses Sommergefühl kann man sich natürlich auch nach Hause holen. Vongole können, wie hier gezeigt, mit New Zealand Green Shells zubereitet werden oder mit Venusmuscheln, die das ganze Jahr über erhältlich sind. Wegen der vielen verschiedenen Varianten und Größen läßt man sich am besten vom Händler über die Mengen beraten.

Zubereitung
Muscheln gründlich waschen und die bereits geöffneten wegwerfen. Die Zwiebeln in Streifen schneiden und die Knoblauchzehen fein würfeln. Die Blattpetersilie grob hacken. Die enthäuteten Fleischtomaten in große Würfel schneiden. Die Zwiebeln in Olivenöl anschwitzen, den Knoblauch, die Tomaten und die gereinigten Muscheln dazugeben und mit dem Weißwein einmal aufkochen lassen. Dann ungefähr 5 Minuten ziehen lassen und mit der gehackten Petersilie bestreuen. Die Soße über die bißfest gekochten Spaghetti geben.

TAGLIATELLE MIT WALDPILZEN

Zutaten für 4 Personen

500 g Tagliatelle
500 g gemischte Waldpilze
150 g Sahne
2 Zwiebeln
1/2 Bund Blattpetersilie
4 EL Olivenöl
etwa 1/8 l Weißwein
Salz, Pfeffer

Ich freue mich immer auf den Herbst, um in unserem Wald nach den verschiedensten Pilzen zu suchen. Es gibt etwa 80 eßbare Pilzarten, von denen viele in dieser Pasta verwendet werden können. Allerdings gibt es Favoriten, die ich besonders gerne esse. Zum Beispiel den Steinpilz, dessen Fleisch köstlich riecht und einen milden, angenehmen Nußgeschmack hat. Im Wald gefundene Steinpilze sollten übrigens nur mit einem feuchten Tuch gesäubert werden. Überall zu kaufen gibt es Champignons, die gezüchtet werden und deshalb auch das ganze Jahr erhältlich sind.

Zubereitung

Die Zwiebeln in kleine Würfel und die Pilze in feine Scheiben schneiden. Die Tagliatelle al dente kochen. Die Zwiebeln in Olivenöl andünsten. Die Pilze dazugeben und salzen, pfeffern und mitdünsten. Das Ganze mit einem Schluck Weißwein ablöschen, einkochen lassen und mit der geschlagenen Sahne verfeinern. Die gekochten Tagliatelle in die Pfanne geben und gut mit der Pilz-Sahnesauce vermischen. Die gehackte frische Petersilie darüberstreuen und nach Belieben mit frischem Parmesan servieren.

GLASNUDELSALAT MIT RIESENGARNELEN

Zutaten für 4 Personen

400 g Glasnudeln
8 große Riesengarnelen
0,4 l Hummerfond
2 Chilischoten
scharfe Chilisauce
(gibt es im Asia-Laden)
2 rote Paprika
Salz, Pfeffer

Garnelen sind ein weltweit sehr beliebtes Gericht. Die Franzosen und die Italiener in ihrer kulinarischen Passion haben einen eigenen Namen für jede Sorte und Größe dieses Schalentieres. In Deutschland wird alles, was länger als 5 bis 7 cm ist, als Garnele bezeichnet. Am besten kauft man sogenannte eingefrorene Blockware (werden direkt nach dem Fang im Block eingefroren), die zwar ein wenig teurer ist, dafür aber die beste Qualität liefert. Egal, wofür sie verwendet werden, die Garnelen werden immer in ihrer Schale gebraten.

Zubereitung

Die Glasnudeln in sprudelndem Salzwasser kochen. Den Hummerfond in einem separaten Topf auf die Hälfte reduzieren und über die gekochten und abgeschütteten Glasnudeln geben. Die Chilischoten und die Paprika in kleine Würfel schneiden und dazugeben. Das Ganze mit der scharfen Chilisauce und Salz und Pfeffer abschmecken und eine Stunde im Kühlschrank ziehen lassen. Die Riesengarnelen anbraten und auf dem kalten Glasnudelsalat servieren.

SPAGHETTI PESTO

Zutaten für 4 Personen

500 g Spaghetti
1 Bund Basilikum
40 g geröstete Pinienkerne
3 Knoblauchzehen
0,2 l Olivenöl
50 g Parmesan
Salz, Pfeffer

Ursprünglich kommt die Pesto-Sauce aus Genua, wo die Zutaten auf einer Flotte kleiner Boote im Hafen an Reisende verkauft wurden. Diese „dispense ambulanti" war für ihre ortseigene Version der Pesto sehr berühmt. Die Genuesen bestehen darauf, daß man die nur in Ligurien wachsende kleinblättrige Basilikumsorte, die in anderen Regionen Italiens nicht zu finden ist, für eine Pesto verwenden darf.

Zubereitung

Die Basilikumblätter, die gerösteten Pinienkerne, die Knoblauchzehen, das Olivenöl, den Parmesan und etwas Salz und Pfeffer in einen Mixer geben und fein pürieren. Die Spaghetti al dente kochen und von dem heißen Nudelwasser drei bis vier Eßlöffel unter den Pesto rühren. Dann den Pesto über die Spaghetti geben. Eine andere Möglichkeit ist, die erkalteten Nudeln in einer Pfanne mit Olivenöl erwärmen und den Pesto untermischen und noch einmal kurz durchschwenken. Das Ganze wird mit geröstetem Weißbrot serviert, das vorher mit einer Knoblauchzehe eingerieben wird.

CAPELLINI
MIT SHRIMPS
UND ZUCCHINI

Zutaten für 4 Personen

500 g Capellini

250 g Shrimps

2 Zucchini

10 Basilikumblätter

1 Knoblauchzehe

4 EL Olivenöl

Salz, Pfeffer

Im Handumdrehen lassen sich diese Capellini mit Shrimps und Zucchini zubereiten. Diese sehr feine Sorte Nudel, die ihren Namen der Legende nach von den langen blonden Haaren der Lucrezia Borgia erhalten hat, zeichnet sich durch eine minimale Kochzeit aus. Auch die Zucchini und die Shrimps sind unkompliziert und schnell zubereitet. Bei dem Einkauf der Shrimps sollte übrigens genau auf die Qualität geachtet werden, es gibt nichts Schlimmeres als geschmacksneutrale, wässerige Ware.

Zubereitung

Die Zucchini in die gewünschte Form schneiden, zum Beispiel in halbe Scheiben oder feine Stifte und in der Pfanne mit dem feingehackten Knoblauch in dem Olivenöl kurz anschwitzen. Bevor die Capellini bißfest gekocht sind, werden die Shrimps in die Pfanne mit den Zucchini gegeben, damit sie nur kurz heiß werden. Die Shrimps und Zucchini mit Salz und Pfeffer würzen und über die fertigen Capellini geben. Mit Basilikumblättern garnieren.

DAS GEMÜSE

Es heißt, daß das Gemüse die Launen des Körpers ausgleicht, und lange bevor jemand etwas von Ernährungslehre gehört hat, hielten Mütter ihre Kinder an, ihr Grünzeug aufzuessen. Sein stiefmütterliches Dasein führt es nur dort, wo ihm beim Kochen nicht die gebührende Referenz erwiesen wird und wo auch seine dekorativen Qualitäten nicht erkannt werden.

GEFÜLLTE TOMATEN

Zutaten für 4 Personen
8 große Tomaten
250 g Schafskäse
4 Scheiben Toastbrot
1 Knoblauchzehe
1 Glas schwarze Oliven
Thymian
6 EL Olivenöl
Salz, Pfeffer

Die Tomaten, die zur Zeit der Conquistadoren aus Südamerika über Spanien zu uns kamen, galten lange als ungesund. Anfänglich wurden sie nur gegart verspeist und es dauerte bis weit in das letzte Jahrhundert, bis die Tomate auch in Salaten zur Geltung kam. Leuchtend rote Tomaten eignen sich für den sofortigen Verzehr, während die leicht grünlichen noch ein paar Tage lagern können. Beim Einkauf ist es wichtig, auf das Herkunftsland zu achten; die besten kommen auf jeden Fall aus dem eigenen Garten.

Zubereitung
Den Deckel der Tomaten abschneiden und diese aushöhlen. Den Schafskäse und das Toastbrot würfeln, die Oliven kleinhacken und alles gut miteinander vermischen. Etwas Olivenöl und den feingehackten Knoblauch dazugeben. Die Masse mit Thymian, Salz und Pfeffer abschmecken und in die Tomaten füllen. Diese in eine mit Olivenöl ausgefettete Form im Backofen bei 180° C (E) etwa 30 Minuten garen. Mit knusprigem Weißbrot servieren.

FRÜHLINGSROLLE

Zutaten für 4 Personen
2 Stangen Lauch
2 große Karotten
200 g Zuckerschoten
1 Selleriewurzel
200 g gemischte Sprossen
1 Glas Weißwein
Frühlingsrollenteig
aus dem Asia-Laden
scharfe Asia Sauce
(Asia-Laden)
Frische Ingwerwurzel
Sesamöl
Sojasauce
Salz, Pfeffer

Frühlingsrollen sind die klassische Vorspeise in chinesischen Restaurants, schmecken aber auch köstlich und meistens weniger fettig, wenn man sie zu Hause zubereitet. Der Ingwer, der in diesen Frühlingsrollen enthalten ist, ist nicht jedermanns Geschmack, spielt aber in der asiatischen Küche eine große Rolle. Ich schätze seinen dezenten Rosmarinduft und seine großen Heilkräfte.

Zubereitung
Den Lauch, die Karotten, die Zuckerschoten und den Sellerie in sehr feine Streifen schneiden. Alles zusammen in Sesamöl bißfest angaren, mit dem Weißwein ablöschen. Mit Ingwer, Salz, Pfeffer, Sojasauce und der scharfen Asia-Sauce abschmecken und dann abkühlen lassen. Diese Masse in den Frühlingsrollenteig einwickeln und frittieren. Die fertigen Frühlingsrollen mit Sojasauce zum Dippen servieren.

GAZPACHO

Zutaten für 4 Personen

500 g geschälte Tomaten
300 g Salatgurken
1 rote und 1 grüne Paprika
2 Knoblauchzehen
2 Zwiebeln
4 Scheiben Weißbrot
1/2 l Gemüsebrühe
Weißweinessig
Olivenöl
Salz, Pfeffer

Bei einem Sommeraufenthalt in Andalusien auf der Finka von Freunden wurde uns jeden Mittag eine Gazpacho serviert, die ich nie vergessen werde. Die ganze Zeit habe ich daran gearbeitet, das Rezept von der herrlichen spanischen Köchin zu erhalten. Mein Bemühen wurde mit Erfolg gekrönt und an besonders heißen Tagen bereite ich diese gesunde, erfrischende Suppe mit Zutaten aus dem eigenen Garten.

Zubereitung

Die Tomaten, die Gurken, die Paprika und die Zwiebeln würfeln und in einen Topf geben. Mit der Brühe auffüllen und mindestens 1 Stunde im Kühlschrank ziehen lassen. Den Knoblauch pressen und alles zusammen in einem Mixer pürieren. Mit Olivenöl, Salz und Pfeffer abschmecken. Das Weißbrot würfeln und in einer Pfanne mit Olivenöl zu Croutons ausbacken. In Spanien werden zu der Gazpacho kleingewürfelte Tomaten, Paprika, Gurken, Zwiebeln und die Croutons in extra Schälchen gereicht, damit sich jeder seine Suppe individuell abschmecken kann.

RATATOUILLE

Zutaten für 4 Personen

1 Aubergine (500 g)
2 Zucchini (500 g)
1 rote und 1 gelbe Paprika
3 Zwiebeln
2 bis 3 Tomaten
1/2 Glas Rotwein
Knoblauch
Tomatenmark
Rosmarin
Thymian
Olivenöl
Salz, Pfeffer

Das Ratatouille ist beheimatet in der Küche Südfrankreichs, wo es in meiner Erinnerung in den provencalischen Häusern in riesigen Töpfen gekocht wird und im Sommer ein Hauptbestandteil der Ernährung ist. Wichtigstes Gewürz in diesem Gericht ist der Thymian, dessen Geschmack für die Küche in dieser Region so typisch ist.

Zubereitung

Die Zwiebeln, die Paprika, die Aubergine, die Zucchini und die Tomaten in Würfel schneiden und die Kerngehäuse der Tomaten entfernen. Die Zwiebeln werden in einer Pfanne in Olivenöl angeschwitzt und nach und nach, abhängig von der Festigkeit der Zutaten, zuerst die rote, dann die gelbe Paprika, die Zucchini und die Auberginen zum Dünsten dazugegeben. Etwas Tomatenmark hinzufügen, mit dem Rotwein ablöschen und alles köcheln lassen, bis es bißfest ist. Mit frisch gehacktem Rosmarin und Thymian, Salz und Pfeffer abschmecken. Ganz zum Schluß die gewürfelten Tomaten hinzufügen. Um den Turm zu schichten, schneidet man Auberginen in Scheiben, salzt sie und läßt sie kurz liegen. Mit Küchenpapier abtupfen und in heißem Olivenöl in einer Pfanne zu Chips ausbacken. Dann das Ratatouille zwischen den Chips aufschichten. Dazu passen gut Weißbrot oder Kartoffeln.

SHITAKE-PILZE IN TEMPURA-TEIG

Zutaten für 4 Personen

150 g Garnelen
40 g Mayonnaise
8 große Shitake-Pilze
4 Stangen grünen Spargel
80 g Mehl für den Teig
0,1 l eiskaltes Wasser
für den Teig
1 Eigelb
Öl zum Fritieren
Sojasauce zum Dippen
Salz, Pfeffer

Eine Alternative für Menschen, die nichts mit kaltem Fisch anfangen können und in einem japanischen Restaurant essen, ist Tempura, das man auch einfach zu Hause zubereiten kann. Ich finde, es ist eine köstliche Vorspeise. Fertigen Tempura-Teig gibt es im Asia-Laden zu kaufen. Diesen braucht man dann nur noch nach Packungsanweisung mit Wasser zu mischen.

Zubereitung

Die Garnelen würfeln und mit Salz und Pfeffer abschmecken. Ein Eigelb hinzufügen und mit der Mayonnaise vermischen. Die Shitake-Pilze putzen und mit der Garnelenmasse füllen. In den Tempurateig, der aus dem Mehl und dem eiskalten Wasser, Salz und Pfeffer zubereitet wird, tauchen und in heißem Öl fritieren. Den grünen Spargel längs halbieren, ebenfalls im Tempurateig ausbacken und mit den Shitake-Pilzen servieren.

SPARGEL MIT FRISCHKÄSESAUCE

Zutaten für 4 Personen

1 kg Spargel
1 Packung Frischkäse
4 Frühlingszwiebeln
1 Glas Weißwein
etwas Milch oder Sahne
Olivenöl
Salz, Pfeffer

Jedes Jahr im April beginnt die viel zu kurze Spargelzeit, die ich kaum erwarten kann. Wenige Lebensmittel sind so kalorienarm und schmecken doch so gut. Egal ob der grüne Spargel, der über der Erde, oder der weiße Bleichspargel, der unter Erdwällen wächst und in mühsamer Handarbeit gestochen werden muß – mit ein bißchen zerlassener Butter hat man eine vollwertige Mahlzeit. Ich koche auch gerne eine Frischkäsesauce dazu, die einfach zuzubereiten ist. Für diese sollte man auf jeden Fall versuchen, auf dem Markt einen wirklich guten und frischen Käse zu finden, der auch genug Zeit hatte zu reifen, so daß er seinen charakteristisch säuerlichen Geschmack entwickeln konnte.

Zubereitung

Die ganzen Frühlingszwiebeln kleinhacken und im Olivenöl andünsten. Mit dem Glas Weißwein ablöschen und den Frischkäse mit einem Kochlöffel unterrühren. Mit Salz und Pfeffer würzen. Die Sauce mit einem Schuß Milch oder Sahne in die gewünschte Konsistenz bringen. Neue Kartoffeln, mit der Schale gekocht, schmecken besonders gut zu diesem Gericht.

O wie so trügerisch

GEMÜSEKUCHEN

Zutaten für 4 Personen

125 g Mehl
125 g Magerquark
100 g Butter
200 g Speck
4 Stangen Lauch
4 Zwiebeln
150 g Gouda, gerieben
0,3 l Sahne
5 Eier
1 Glas Weißwein
Muskat
Salz, Pfeffer

Ein einfaches Gericht, das ich gerne am Mittag serviere, ist der Gemüsekuchen, der sogar schon bei den Photographen, die immer wieder an meinem Tisch sitzen, Berühmtheit erlangt hat. So darf er natürlich in diesem Buch nicht fehlen. Man kann ihn mit den verschiedensten Gemüsearten zubereiten, mit Lauch, mit Spinat, mit Champignons oder auch mit Tomaten, obwohl der Kuchen dabei immer ein wenig wässrig wird.

Zubereitung

Für den Teig das Mehl, den Quark, die weiche Butter und etwas Salz gut durchkneten und 1 Stunde im Kühlschrank ruhen lassen. Danach den Teig in eine Tarteform drücken. Lauch oder Champignons in Scheiben schneiden. Das jeweilige Gemüse mit Zwiebeln in Olivenöl andünsten, mit Muskat, Salz und Pfeffer würzen und mit Weißwein ablöschen und etwas reduzieren lassen. Den Gemüsebelag auf den Teig geben. Die Eier mit der Sahne verquirlen, kräftig mit Salz und Pfeffer abschmecken und über das Gemüse gießen. Mit geriebenem Gouda bestreuen und bei 180° C (E) ungefähr 30 Minuten backen. Mit grünem Salat servieren. Wer nicht nur von Gemüse leben kann, sollte gewürfelten Speck ausbraten und zu dem Gemüse geben.

DER FISCH

Die größte Freude beim Zubereiten von Fisch ist die Auswahl des Grundproduktes, das glänzend zwischen dem zerstampften Eis liegt. Am schönsten finde ich es in der Nähe des Meeres, wo die Luft von dem Salz der Gischt angereichert ist und der Fisch frisch von den Kuttern angeliefert wird, die in der Morgendämmerung auf Fang gegangen sind.

FISHCAKE

Zutaten für 4 Personen
400 g Fischfilet
400 g Kartoffeln
1 Ei
Blattkoriander
Petersilie
Limonensaft
Salz, Pfeffer

Ende der 80er boomte London in einer unglaublichen Weise. Nach verzweifelten Jahren hatten die Engländer endlich die Zauberformel gefunden. Mitten in Chelsea, an dem berühmten Brompton Cross, öffnete Joe's Café seine Tore und servierte als erstes modernes, englisches Brasserie-Essen. Die Fishcakes, die dort serviert wurden, waren für mich Ausdruck eines neuen Denkens, das alte englische Traditionen neu interpretieren wollte. Bei jeder Reise versuchte ich nun einen Abstecher zu machen und eines Tages konnte ich das Rezept erfragen. Besonders gerne bereite ich dieses Gericht, wenn ich gekochte Kartoffeln vom Vortag übrig habe, die ich dann nur kurz in der Microwelle erwärme und weiterverwende.

Zubereitung
Die Kartoffeln kochen und pressen. Hierzu eignet sich am besten eine Spätzlepresse. Das Fischfilet in kleine Stückchen schneiden und mit den Kartoffeln vermengen. Mit Blattkoriander, Limonensaft, gehackter Petersilie, Salz und Pfeffer würzen. Das Ei dazugeben, um der ganzen Masse Bindung zu geben. Den Fishcake mit den Händen formen und in einer geölten Auflaufform im Ofen 15 Minuten bei 160° C (E) fertig backen.

FISCHAUFLAUF MIT GEMÜSE

Zutaten für 4 Personen

800 g Fischfilet
1 Stange Lauch
2 Karotten
200 g Zuckerschoten
150 g Sahne
1 Glas Weißwein
Limonesaft
Salz, Pfeffer

Der Fischauflauf kann mit den verschiedensten Filets vom Fisch zubereitet werden. Sehr geeignet sind Rotbarsch oder Goldbarsch, deren Fleisch zart, saftig und mild ist und die ganzjährig angeboten werden. Das Mittelstück vom Kabeljau ist besonders fein. Damit das Fleisch weiß und zart wird, reibt man es eine halbe Stunde vor dem Garen mit Zitronensaft ein. Auch Filets vom Victoriabarsch und vom Steinbeißer können verwendet werden. Ich mische auch gerne verschiedene Fischsorten.

Zubereitung

Den Lauch, die Karotten und die Zuckerschoten in feine Streifen schneiden und im Wasser kurz blanchieren und in eine Auflaufform geben. In einem Topf Sahne heiß werden lassen und mit Salz und Pfeffer würzen. Den Weißwein hinzugeben und heiß über das Gemüse geben. Das Fischfilet in Stücke schneiden, mit Salz, Pfeffer und Limonensaft würzen und auf das Gemüse legen. Alles in den auf 175° C (E) vorgeheizten Backofen 8 bis 10 Minuten fertiggaren.

MILLEFEUILLE VON BONITO UND KARTOFFELN

Zutaten für 4 Personen

350 g frisches Thunfischfilet
2 große Kartoffeln
2 Tomaten
1 Zwiebel
1 Aubergine
Thymian
Oregano
Balsamico-Essig
Salz, Pfeffer

Der Bonito ist ein Fisch aus der Thunfischfamilie. Er ist das ganze Jahr über erhältlich und kommt aus den wärmeren Meeren dieser Welt zu uns. Der Bonito nimmt besonders gut den Geschmack von pikanten Saucen an, sollte aber auf gar keinen Fall zu lange gegart werden, weil er schnell austrocknet. Bei dem Einkauf ist es ratsam darauf zu achten, daß das Filet gleichmäßig durchgefärbt ist und nicht blaß wirkt.

Zubereitung

Die Kartoffeln in feine Scheiben schneiden und in heißem Fett zu Chips ausbacken. Die Auberginen in Scheiben schneiden und für ca. 10 Minuten mit Salz bestreut stehen lassen. Dann das Salz mit Küchenkrepp abtupfen und die Auberginen in heißem Olivenöl ausbraten. Die Auberginen und die enthäuteten Tomaten in große Würfel schneiden. Die in feine Scheiben geschnittenen Zwiebeln anschwitzen, die Auberginen und Tomaten hinzufügen und mit Salz, Pfeffer, Thymian und Oregano abschmecken. Den Thunfisch in feine Scheiben schneiden und in leicht warmem Balsamico etwa 15 Minuten marinieren. Türmchen bauen und als Amuse geulle servieren.

MATJES-TATAR

Zutaten für 4 Personen

6 Matjesfilets

1/2 Salatgurke

1 rote Paprika

1 Zwiebel

2 hartgekochte Eier

Limonensaft

Salz, Pfeffer

Der Hering war früher ein weitverbreiteter und beliebter Fisch, da er hochwertige Fettsäuren, Vitamin A, B und Jod enthält. Leider ist er heute nicht mehr so günstig wie zu den Zeiten, als die Meere noch nicht leer gefischt waren. Für Matjesheringe werden nur die weiblichen, fetten Heringe nach einem bestimmten Verfahren in Salzlake oder Essiglösung eingelegt, die dafür sorgt, daß der Enzymprozeß aufgehalten wird und für seinen feinen Geschmack verantwortlich ist.

Zubereitung

Die Paprika und die Gurke schälen und von den Kernen befreien. Die Matjes, die Zwiebeln, die Eier, die Paprika und die Salatgurke in feine Würfel schneiden und alles mischen. Mit Limonensaft, Salz und Pfeffer abschmecken. Kugeln formen und bis zum Servieren kühl stellen. Als Vorspeise auf grünem Salat angerichtet, mit Toast und Butter, ist es eine Köstlichkeit.

GEBRATENER LOUP DE MER AUF KARTOFFELN, ARTISCHOCKEN UND GEMÜSE

Zutaten für 4 Personen

Einen ganzen Loup de Mer
(2 – 3 kg) – beim Fischhändler
fertig ausnehmen
und vorbereiten lassen
4 Kartoffeln
4 Artischockenböden
1 Karotte
Mehl
Blattpetersilie
frischer Thymian
frischer Rosmarin
Limonensaft
Salz, Pfeffer

Der Loup de Mer ist als Seebarsch oder Wolfsbarsch bei uns bekannt und hat ein wunderbar aromatisches, milchiges Fleisch.

Zubereitung

Die Karotten würfeln und blanchieren. Die Artischockenböden, die Karotten und die Kartoffeln in Würfeln goldbraun anschwitzen und zur Seite stellen. Den Fisch von innen salzen, pfeffern und mit Limonensaft beträufeln. Die Blattpetersilie, einen Zweig Thymian und einen Zweig Rosmarin in den Fisch geben. Den Fisch mehlieren und in einem Bräter von beiden Seiten in heißem Olivenöl anbraten. Dann bei 180° C (E) ungefähr 8 bis 10 Minuten im Ofen fertiggaren. Die gebratenen Kartoffeln und Artischocken nochmals erhitzen. Mit Salz und Pfeffer abschmecken und mit dem Fisch servieren.

MUSCHELN IN WEISSWEINSAUCE

Zutaten für 4 Personen
3 kg Miesmuscheln
2 große Zwiebeln
2 große Karotten
2 Tomaten
1 Flasche Weißwein 0,75 l
2 ganze Zehen Knoblauch
Lorbeerblatt
Thymian
Salz, Pfeffer

Miesmuscheln werden im Meerwasser an Pfählen gezüchtet. Gegessen werden sie nur in Monaten, die ein „r“ enthalten. Beim Einkauf sollte man auf frische Ware achten. Die Muscheln bedürfen einer gründlichen Reinigung, dabei muß der Bart herausgerissen und die Muscheln in kaltem Wasser abgespült werden. Nur geschlossene Muscheln sollten gekocht und nur die Muscheln gegessen werden, die sich nach dem Kochen geöffnet haben.

Zubereitung
Die Zwiebeln, die Karotten, die Tomaten und den Knoblauch in Würfel schneiden, in einem großen, flachen Topf in Olivenöl andünsten, mit Thymian, Salz und Pfeffer und einem Lorbeerblatt würzen. Die Muscheln hinzugeben und mit dem Weißwein ablöschen. Den Deckel schließen und einmal aufkochen lassen. Danach 3 Minuten ziehen lassen. Die Muscheln sofort mit Weißbrot servieren.

POCHIERTE LACHSFORELLE AUF GEMÜSEWÜRFELN

Zutaten für 4 Personen

4 Lachsforellenfilets ohne Haut
2 Karotten
2 Kohlrabi
1 Steckrübe
1 Glas Weißwein
100 g Sahne
Limonensaft
Salz, Pfeffer

Die Lachsforelle vereint den wunderbaren Geschmack des Lachses mit der saftigen Struktur des Forellenfleisches. Am besten schmeckt sie, wenn sie pochiert wird. Süßwasserfische sollten allerdings nicht mehr mit Wasser in Berührung kommen, das heißt man säubert sie ohne Wasser und kocht sie nicht, sondern gart, grillt oder brät sie mit Wein, zerlassener Butter oder Sahne.

Zubereitung

Die Karotten, die Kohlrabi und die Steckrübe würfeln und in einer Pfanne in Olivenöl anschwitzen. Mit einem Glas Weißwein ablöschen. Den Fisch mit Salz, weißem Pfeffer und Limonensaft würzen und auf das Gemüse in der Pfanne legen. Bei mittlerer Hitze mit geschlossenem Deckel 4 bis 5 Minten garen. Anschließend die Lachsforellenfilets herausnehmen und warm stellen. Das Gemüse mit Salz, Pfeffer und Sahne abschmecken. Mit der Petersilie verfeinern und über den Fisch geben.

DER REIS

Die Legende besagt, daß der Kaiser von China dem Erfinder des Schachbretts anbot, seinen Lohn frei zu wählen. Dieser wollte nur die Menge Reis, die sich ergab, wenn man ein Reiskorn nahm und dieses für jedes Feld auf dem Brett jeweils verdoppelte. Der Kaiser willigte ein und erkannte zu spät, daß er gerade die ganze Reisernte Chinas verschenkt hatte.

ASIATISCHER CURRY-REIS

Zutaten für 4 Personen

300 g Rundkornreis
600 g Poulardenbrust
1 Bund Frühlingszwiebeln
1 Banane
1 Mango
1/2 Glas Weißwein
0,2 l Brühe oder Sahne
Sesamöl
Currypulver
Salz, Pfeffer

Curry, das Leib- und Magengewürz der Inder, ist eine Mischung aus vielen verschiedenen Zutaten, wie zum Beispiel Kurkuma, Kardamom, Pfeffer, Koriander, Muskat und Ingwer. Wahre Genießer mischen ihr eigenes Curry aus ungemahlenen Zutaten. Auf diese Weise kommt das Aroma intensiver zur Geltung. Fertige Mischungen in Pulverform sind allerdings günstiger und sparen erheblich Zeit.

Zubereitung

Die Poulardenbrust schnetzeln und mit Salz und Pfeffer würzen. Die Frühlingszwiebeln kleinhacken und zusammen mit der Poulardenbrust in Sesamöl anbraten. Mit dem Weißwein ablöschen, reduzieren lassen und die Sahne oder Brühe hinzugeben. Alles aufkochen lassen und mit Currypulver abschmecken. Die Banane und die Mango würfeln und in die Pfanne geben. Zwischenzeitlich den Reis kochen und unter das fertige Curry heben.

SAFRANRISOTTO MIT GRÜNEM SPARGEL

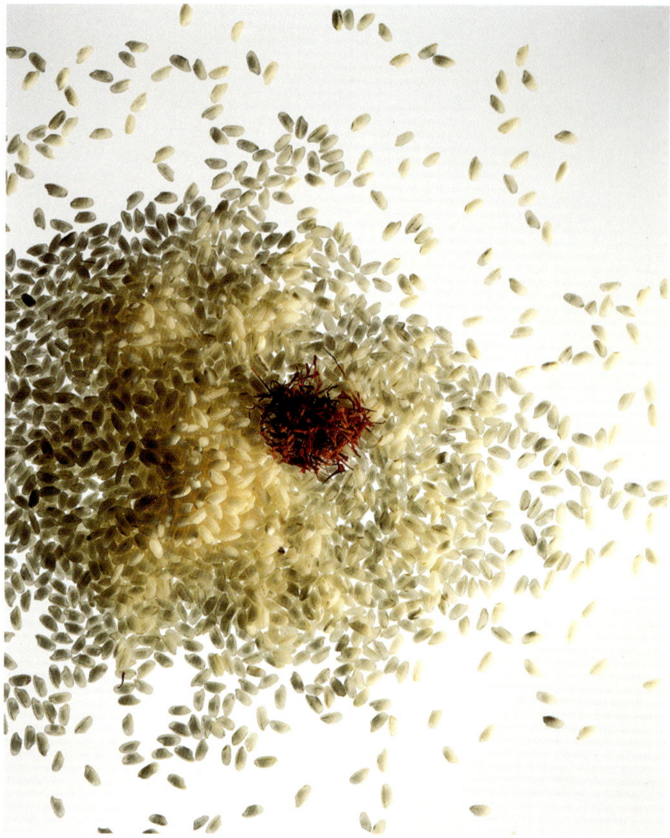

Zutaten für 4 Personen

300 g Risotto-Rundkornreis
500 g grüner Spargel
2 Schalotten
1 Glas Weißwein
mindestens 1 l Brühe
0,2 g Safranfäden
Butter
frisch geriebener Parmesan
Salz, Pfeffer

Kein Gericht, das man schnell mal kocht, es braucht ein bißchen Zeit und Geduld, denn bei der Zubereitung wird der Reis so lange umgerührt, bis alle Flüssigkeit absorbiert wurde. Diese klassische Art Risotto zu kochen, kommt aus der Lombardei, obwohl das Hauptanbaugebiet für Risottoreis im Piemont liegt. Für das in Mailand typischerweise servierte Risotto ist Safran essentiell.

Zubereitung

Die Safranfäden in Weißwein auskochen. Die Schalotten in feine Würfel schneiden und glasig andünsten. Dabei darauf achten, daß sie nicht braun werden. Den Risottoreis hinzufügen und unter Rühren glasig werden lassen. Mit Salz und Pfeffer würzen. Mit dem Wein ablöschen und wenig Brühe angießen. Unter Rühren und Hinzufügen von Brühe weich garen, allerdings darauf achten, daß der Reis noch bißfest bleibt. Mit 3 bis 4 Flocken Butter und einer Handvoll geriebenem Parmesan vollenden. Ist gerade eine Flasche Champagner geöffnet, noch einen Schuß davon unterrühren. Den gekochten grünen Spargel dazu servieren.

REIS IM WEINBLATT

Zutaten für 4 Personen
Weinblätter
250 g weißen Reis
50 g geröstete Mandelblätter
Schafskäse nach Belieben
Koriander
Champagner-Essig
Zucker
Salz, Pfeffer

Dieses griechische Nationalgericht erinnert an einen Sommerabend auf Skiathos, wenn die Sonne langsam im Mittelmeer versinkt und der Sirtaki durch die Gassen klingt. Frisch und sehr nahrhaft, ist dieses Gericht ideal für heiße Tage geeignet oder auch als einfache Idee, zum Beispiel für einen Brunch. Die Weinblätter lassen sich gut vorbereiten und im Ofen nochmals kurz vorher erwärmen. Dazu paßt ideal ein Glas Ouzo.

Zubereitung
Den Reis bißfest kochen, abgießen und etwas stehen lassen. Den lauwarmen Reis mit Champagner-Essig parfümieren und mit Zucker und Salz würzen. Den Schafskäse würfeln und ihn zusammen mit den gerösteten Mandelblättern unter den Reis geben. Kleine Portionen vorsichtig in die Weinblätter rollen und mit wenig Flüssigkeit in einem flachen Topf 20 Minuten erhitzen. Warm servieren. Hierzu passen schwarze Oliven.

REISPFANNE MIT GEMÜSE

Zutaten für 4 Personen

200 g Basmatireis
150 g Zuckerschoten
1 rote und 1 gelbe Paprika
100 g Shitake Pilze
1 Stange Lauch
1 Bund Blattkoriander
1 Zwiebel
100 g Erdnüsse
Sesamöl
Sojasauce
Pfeffer

Der für dieses Gericht verwendete, hochwertige Basmatireis ist besonders fest. Er sollte vor dem Kochen unter fließendem Wasser gewaschen werden, um überschüssige Stärke abzuspülen. Als Faustregel zum Kochen gibt man 3 Teile kaltes, gesalzenes Wasser auf 1 Teil Reis, bringt ihn zum Kochen und läßt ihn bei mittlerer Hitze mit geschlossenem Deckel etwa 13 bis 15 Minuten köcheln.

Zubereitung

Die Zuckerschoten, die Paprika, die Pilze, den Lauch, die Zwiebel und den Koriander kleinschneiden oder kleinhacken. Den Basmatireis bißfest kochen. Das Gemüse in Sesamöl und wenig Wasser in einer Pfanne oder in einem Wok bißfest dünsten. Mit Pfeffer und Sojasauce abschmecken. Die Erdnüsse in einer Pfanne ohne Öl vorsichtig anrösten. Alles gemeinsam servieren.

SUSHI

Zutaten für 4 Personen
250 g Sushi-Reis
150 g frischer Lachs
1 kleine Salatgurke
2 Karotten
Reisessig
Sake
Nori-Blätter
Wasabi
Zucker
Salz
eine kleine Holz- oder
Bambusmatte zum Rollen

Im Asialaden kann man sich mit den wichtigsten Requisiten für ein Sushi-Essen ausstatten: der original Sojasauce, der Wasabi Paste, die ein guter Ersatz für den teuren, echten japanischen Meerrettich bietet, der unersetzlichen Holz- oder Bambusmatte, die zum Rollen des Sushi benötigt wird und den Eßstäbchen, die das Ambiente vervollkommnen.

Zubereitung
Den Sushi-Reis nach Anweisung kochen und abgießen. Den lauwarmen Reis mit Reisessig und Sake, Zucker und Salz würzen. Mit nassen Händen (!) den Reis dünn auf die Nori-Blätter aufstreichen, damit es eine gleichmäßige, flache Oberfläche gibt. Den Lachs oder den Thunfisch in Streifen schneiden, die Karotten ebenfalls in Streifen schneiden und blanchieren, beides in das vordere Drittel legen, dünn mit Wasabi bestreichen und mit den Händen mit Hilfe der Holz- oder Bambusmatte einrollen.

DER SALAT

Salat bedeutet für mich eine Mischung von rohen Gemüsen, deren Geschmack hauptsächlich von der Sauce bestimmt wird, deren Qualität wiederum von der des Öls und des Essigs abhängt. An einem heißen Sommertag bietet der Salat eine gesunde und leichte Kost, die sich schnell zubereiten läßt. Bei Salaten lasse ich immer meine Phantasie spielen.

NÜSSLISALAT

Zutaten für 4 Personen
4 – 6 Handvoll Feldsalat
1 – 2 Schalotten
Weißbrot
2 Handvoll Champignons

für die *Vinaigrette* (ca. 1,5 l):
250 g Schalotten
5 g Knoblauch
1 Lorbeerblatt
0,15 l Noilly Prat
0,33 l Weißwein
0,15 l Brühe
25 g Salz
1 Messerspitze Pfeffer
37 g Zucker
0,15 l Traubenkernöl
0,15 l Olivenöl
0,33 l Pflanzenöl
0,1 l Nußöl
0,05 l Weißweinessig

Zubereitung
Den Feldsalat waschen, die Schalotten in feine Scheiben und das Weißbrot in Würfel schneiden und in Olivenöl rösten. Die Champignons in dünne Scheiben schneiden und in der warmen Vinaigrette 20 Minuten einlegen. Das geröstete Weißbrot, die Schalotten und die Champignons warm über den Feldsalat geben.

Die *Vinaigrette* kann im Kühlschrank in Flaschen abgefüllt mindestens 2 Monate aufbewahrt werden und muß kurz vor dem Servieren nur einmal kräftig geschüttelt werden. Dazu dünstet man die Schalotten mit dem Knoblauch an und löscht sie mit dem Noilly Prat, dem Weißwein und der Brühe ab und gibt das Lorbeerblatt hinzu. Das Salz, den Pfeffer und den Zucker hinzufügen und alles weichkochen. Dann die restlichen Zutaten hinzufügen und durchmixen. Alles durch ein Sieb passieren und abkühlen lassen.

BOHNENSALAT MIT COPPA UND PARMESAN

Zutaten für 4 Personen

600 g gemischte Bohnen (rot, weiß und grün)
200 g luftgetrockneter Coppa
3 Schalotten
100 g frischer Parmesan
2 Handvoll Rucola Salat
Vinaigrette (Seite 87)

Viele der Hülsenfrüchte, die wir kennen, sind aus Mexiko und Mittelamerika zu uns nach Europa gekommen. Im alten Griechenland hielten die Ärzte, mit Ausnahme von Hippokrates, Hülsenfrüchte für ungesund und trotzdem waren sie auf Grund ihres Nährwertes bei den Griechen und Römern gleich beliebt. Die Pharaonen im alten Ägypten ließen sich sogar Bohnen zur Stärkung als Grabgabe beilegen. Der Bohnensalat ist schnell zubereitet und eignet sich vor allen Dingen im Sommer als leichtes Mittagessen. Bohnen können auch als Fleischersatz dienen, da sie sehr viel Eiweiß enthalten.

Zubereitung

Die grünen Bohnen bißfest kochen. Die roten und weißen Bohnen aus der Dose nehmen und abschütten. Alles zusammen in der Vinaigrette marinieren. Den Rucola waschen. Die Schalotten in dünne, feine Scheiben schneiden. Den luftgetrockneten Coppa (oder einen anderen Schinken) in Streifen schneiden. Den Parmesan grob hobeln. Alles zusammen untermischen.

SALADE NIÇOISE

Zutaten für 4 Personen

Blattsalat
4 mittelgroße Strauchtomaten
1/2 Salatgurke
1 gelbe und 1 grüne Paprika
3 Frühlingszwiebeln
1 kleines Glas schwarze Oliven
4 Artischockenherzen
1 kleine Dose Thunfisch
2 hartgekochte Eier
Vinaigrette
Pfeffer

In Frankreich ist der Salade Niçoise eine Nationalspeise. Wie wichtig der Salat für die Franzosen ist, erkennt man daran, daß jedes Kind im Französischunterricht lernt, wie man diesen Salat zubereitet. Zum Mittagessen wird er, mit einer Stange Baguette, als vollwertige Mahlzeit angesehen. Die Variationen sind vielseitig: Die Frage, ob in einem echten Salade Niçoise Kartoffeln oder keine Kartoffeln hineingehören, kann zum Beispiel zu erhitzten Diskussionen führen. Ich esse ihn lieber leicht, ohne die Kartoffeln und mit Frühlingszwiebeln anstelle von normalen Zwiebeln. Als Variante kann man auch Wachteleier anstelle von Hühnereiern verwenden.

Zubereitung

Ein paar schöne Salatblätter auf einen großen Teller als Ersatz für die Salatschüssel verwenden. Darauf angerichtet ist der Niçoise eine herrliche Vorspeise.

CHICOREE-ORANGEN-WALNUSS-SALAT

Zutaten für 4 Personen

4 Chicorée-Knollen
2 Orangen
2 rote Zwiebeln
100 g Walnüsse oder 60 – 80 g Walnüsse ohne Schale
Vinaigrette (Seite 87)
Pfeffer

Ein schöner winterlicher Salat ist dieser Chicorée-Orangen-Walnuß-Salat, der besonders gesund ist. Die Walnuß, die aus dem vorderen Orient, den Mittelmeerländern und Kalifornien zu uns kam, enthält viel biologisch hochwertiges Eiweiß und Mineralstoffe, wie zum Beispiel Calcium, Phosphor und Eisen. Der leicht bittere Geschmack des Chicorée ergänzt sich hervorragend mit dem süßen Geschmack der Orangen. Der Lieblingssalat meines Mannes.

Zubereitung

Den Chicorée putzen. Die Orangen schälen und die weiße Haut komplett entfernen. Dann mit einem scharfen Messer Orangenfilets herausschneiden. Die Zwiebeln fein schneiden und die Walnüsse ganz lassen. Alles mit der Vinaigrette anmachen und sofort servieren. Zum Verzieren alten Balsamico-Essig verwenden.

RUCOLA-SALAT MIT GETROCKNETEN TOMATEN UND PARMESAN

Zutaten für 4 Personen

4 – 6 Handvoll Rauke
500 g mittelgroße Strauchtomaten
2 Schalotten
Rosmarin
Thymian
Parmesan oder Pecorino
Zitronensaft
Balsamico-Essig
Olivenöl
Salz, Pfeffer

Rucola ist ein in der italienischen Küche viel verwendeter Salat, der in letzter Zeit auch bei uns oft zu finden ist. Sein prägnant herber Geschmack macht ihn zu einer interessanten Zutat, doch leider ist er nicht immer erhältlich und gehört zu den teureren Salaten. Der echte Parmesankäse kommt aus Parma und besteht aus Kuhmilch. Als Alternative oder Abwechslung kann man auch Pecorinokäse, einen Schafskäse, der meist aus Sardinien stammt, verwenden.

Zubereitung

Die Tomaten vierteln und das Kerngehäuse entfernen. Auf ein geöltes, gesalzenes und gepfeffertes Backblech legen, mit Thymian und Rosmarin bestreuen und bei 75° C (E) ungefähr 1 Stunde im Ofen trocknen. Die Rauke mit Salz, Pfeffer, Olivenöl, Balsamico-Essig und Zitronensaft anmachen. Die Schalotten kleinhacken. Den Parmesankäse grob hobeln und alles vermischen. Den Parmesan kann man auch mit der Aufschnittmaschine gut dünn aufschneiden, ohne daß er zerbröselt. Die getrockneten Tomaten dazugeben.

DER KÄSE

Ich esse Käse am liebsten wie die Franzosen nach dem Essen mit einem Stück Brot und einem guten Glas Rotwein, oder verwende ihn als Zutat in den verschiedensten Gerichten. Vor allen Dingen der Parmesan, mit seinem typischen und ausgeprägten Geschmack, eignet sich hervorragend, um Speisen zu verfeinern.

TOMATEN MOZZARELLA

Zutaten für 4 Personen

Tomaten
Büffel-Mozzarella
Basilikum
Olivenöl
Balsamico-Essig nach Belieben
Salz, Pfeffer

Bereits im dritten Jahrhundert, so will es die Überlieferung, wurden Brot und „Mozza-Käse“ von den Mönchen aus San Lorenzo di Capua an Arme und Hungrige verteilt. Man nimmt an, daß der Mozzakäse ursprünglich von diesen Mönchen aus Schafsmilch hergestellt wurde. Im 16. Jahrhundert erst kamen indische Wasserbüffel in die südlichen Regionen Italiens und nach Kampanien, in die Heimat des Büffel-Mozzarellas. Das mildere Klima führte dazu, daß die Tiere eine üppige und aromatische Milch gaben, die dann zu dem berühmten „Mozzarella di bufala“ verarbeitet wurde. Büffel-Mozzarella gilt heute als besondere Spezialität, die meist nur frisch auf dem Markt oder im Käsegeschäft angeboten wird. Der Mozzarella, den man überall im Kühlregal kaufen kann, wird aus Kuhmilch hergestellt. Er ist ein frischer, kalorienarmer Käse, der sich immer größerer Beliebtheit erfreut.

Zubereitung

Mozzarella kann verschieden zubereitet werden. Am einfachsten und schnellsten schneidet man ihn in Scheiben und serviert ihn mit den ebenfalls in Scheiben geschnittenen Tomaten, Basilikum, Öl, Salz und Pfeffer.

TALEGGIO IM ZUCCHINIMANTEL GEBACKEN

Zutaten für 4 Personen

400 g Taleggio
2 Zucchini
Traubenkernöl
Olivenöl
Salz, Pfeffer

Ein weiteres, schnell zubereitetes Gericht, das Abwechslung in den Speiseplan bringt. Dieser im Zucchinimantel gebackene Taleggio ist ein italienischer Weichkäse, der aus der Lombardei kommt und durch seinen fruchtigen Geschmack auffällt. Prüfen Sie mit einem Daumendruck, ob der Käse reif ist, das heißt er muß innen weich sein.

Zubereitung

Die Zucchini der Länge nach in Scheiben schneiden. Den Tallegio in der Hand zu Würsten formen. Die Zucchini kurz blanchieren, damit sie weich werden und leicht gerollt werden können. Aus dem Topf herausnehmen und mit Salz und Pfeffer würzen. Die Zucchini dann um die Tallegiowürste rollen und in heißem Olivenöl in einer Pfanne rundum anbraten. Wenn der Tallegio anfängt zu zerlaufen, ist das Gericht servierbereit. Traubenkernöl als Verzierung und für den Geschmack auf den Teller geben.

OBATZTER

Zutaten für 4 Personen

1 großer reifer Camembert
2 Zwiebeln
2 EL Butter
1 Eigelb
1 Paprikaschote
Paprikapulver
Kümmel

Obatzter ist ein bayerisches Nationalgericht, das zwar weniger berühmt ist als die Weißwurst, sich aber trotzdem größter Beliebtheit erfreut und bei keiner Brotzeit fehlen darf. Eine schöne Idee für ein schnelles Abendessen oder Picknick, mit einer frischen Scheibe Brot und einem herrlich kühlen Bier dazu! Der beste Camembert kommt meiner Meinung nach aus der Normandie. Ich lasse ihn so lange reifen, bis er cremig weich ist und fast zerläuft.

Zubereitung

Die Zwiebeln und die Paprikaschote in kleine Würfel schneiden. Den reifen Camembert mit der Butter, dem Paprikapulver, gemahlenem Kümmel und dem Eigelb mit der Gabel in einer Schüssel zerdrücken. Die gewürfelte Paprikaschote über den zerdrückten Käse streuen. Den Käse mit Hilfe eines runden Ausstechers in Form bringen und bis zum Servieren kühl stellen.

PARMESANSOUFFLE

Zutaten für 4 Personen

1/4 l heiße Milch

4 EL Butter

3 EL Mehl

4 Eier

100 g geriebener Parmesankäse

Muskatnuß

Salz, Pfeffer

Zubereitung

Eine große Soufflé-Form oder einige kleine Formen innen mit Butter ausfetten und mit den 2 Eßlöffeln geriebenem Parmesankäse ausstreuen. Den Backofen auf 200° C (E) vorheizen. Die Butter in einem Topf zum Schmelzen bringen, das Mehl hinzugeben und unter Rühren anschwitzen. Den Topf vom Herd nehmen und die heiße Milch hinzugeben. Mit einem Rührbesen alles kräftig schlagen und mit Muskatnuß, Salz und Pfeffer würzen. Die Eier trennen und die 4 Eigelb nacheinander in die heiße Creme einrühren. Den restlichen geriebenen Parmesan unterrühren. Das Eiweiß steif schlagen. Die Hälfte des Eischnees direkt in die Soufflé-Masse rühren und den Rest mit einem Teigschaber vorsichtig unterheben, damit der Eischnee nicht zerfällt. Die Masse in die Soufflé-Formen geben und direkt in den heißen Backofen schieben. Die Tür unbedingt geschlossen halten. Das Soufflé geht auf und ist genau dann servierfertig, wenn es goldbraun ist.

EINGELEGTER SCHAFSKÄSE MIT PEPPERONI UND SCHWARZEN OLIVEN

Zutaten für 4 Personen
400 g Schafskäse
2 rote Zwiebeln
4 Pepperoni
1 Glas schwarze Oliven
Olivenöl
Salz, Pfeffer

Zum Picknick nehme ich auch immer gerne einen selbst eingelegten Käse im leicht transportablen Einmachglas mit. Darin kann er sowohl ein paar Tage ziehen, als auch problemlos und sauber transportiert werden. Zum Einlegen kann man Mozzarellakugeln oder Schafskäse verwenden. Mein Favorit für einen heißen Sommertag ist der frisch und markant schmeckende Schafskäse. Ist dieser zu salzig lege ich ihn vorher noch in Wasser verdünnte Milch.

Zubereitung
Die Zwiebeln, die Pepperoni und die Oliven in kleine Würfel schneiden. Den Schafskäse in zentimetergroße Würfel schneiden. Alles in ein Einmachglas geben. Olivenöl mit Salz und Pfeffer abschmecken und darübergießen bis alles bedeckt ist.

DIE KARTOFFEL

Schon der alte Fritz erkannte den Nährwert der Kartoffel und täuschte seine mißtrauischen Untertanen, indem er die Anbaufelder dieser aus Südamerika importierten Knolle strengstens bewachen ließ. Diese Methode weckte das Interesse der Bevölkerung und führte schließlich zur unglaublichen Beliebtheit des ursprünglichen „Schweinefraßes".

KARTOFFELN MIT KRÄUTERQUARK

Zutaten für 4 Personen

1,2 kg festkochende Kartoffeln
500 g Quark
Milch
1 Bund Schnittlauch
1 Zwiebel
Kümmel
Salz, Pfeffer

Mein absolutes Lieblingsessen sind Kartoffeln mit Quark. Es gibt wohl kaum ein einfacheres und schneller zuzubereitendes Gericht, das so sättigend und auch noch so gesund ist. Die Liebe für dieses einfache Gericht habe ich sogar auf meine Kinder übertragen, die bei ihrer Heimkehr aus dem Internat immer als erstes dieses Essen als Wunsch auf ihrer Liste haben. Alternativ ißt man die Pellkartoffeln mit Butter oder sogar Olivenöl. Übrigens sollte man unbedingt die Schale der Kartoffeln mitessen, da sich dort die ganzen Nährstoffe und Vitamine befinden, insbesondere hochwertiges Eiweiß, viel Vitamin C, Eisen und Kalium. Pellkartoffeln und Salzkartoffeln sind zu Unrecht als Dickmacher verschrien. Sie enthalten praktisch kein Fett und sind aufgrund ihres Kaliumgehaltes entwässernd.

Zubereitung

Die Kartoffeln mit Salz und ganzem Kümmel in der Schale kochen. Zwischenzeitlich den Quark mit Milch in die gewünschte Konsistenz bringen. Mit Schnittlauch und Zwiebeln verfeinern und mit Salz und Pfeffer abschmecken.

KARTOFFELSALAT

Zutaten für 4 Personen
800 g Kartoffeln
100 g Speck
3 Schalotten
0,3 l Brühe
2 EL Senf
Olivenöl
0,05 l Champagner-Essig
Schnittlauch
Salz, Pfeffer

Kartoffelsalat ist eigentlich weitverbreitet als Beilage zum Wiener Schnitzel, Wiener Würstchen oder auch zur kalten Lachsforelle. Bei uns zu Hause gibt es ihn aber auch als vollständiges Gericht zum Mittag. Die Kartoffeln für den Salat sollten so heiß wie möglich gepellt werden, damit sie das Dressing besser aufsaugen. Am besten eignen sich Salatkartoffeln oder junge Kartoffeln, die weichkochend sind.

Zubereitung
Die Kartoffeln in der Schale mit Salz und Kümmel kochen. Abgießen und so heiß wie möglich pellen. Zwischenzeitlich die Brühe erhitzen und mit dem Senf, Essig, Salz und Pfeffer würzen. Die Schalotten und den Speck fein würfeln und die noch warmen Kartoffeln in Scheiben schneiden. Sie dürfen ruhig zerfallen. Die Schalotten und den Speck unterheben. Mit der warmen Brühe vorsichtig begießen und mit Olivenöl verfeinern. Alles mindestens 1 Stunde ziehen lassen. Den Schnittlauch zum Schluß darüberstreuen.

KARTOFFELPUFFER MIT APFELKOMPOTT

Zutaten für 4 Personen

500 g Kartoffeln

1 Ei

Salz

Für das Kompott:

4 Äpfel

Apfelsaft

Zimt

Zucker

Kartoffelpuffer mit Apfelkompott sind ein absolutes Kinderessen, das aber Erwachsenen genauso viel Spaß macht. Leider gibt es keine größere Sünde, als fertige Kartoffelpuffer zu kaufen. Man muß die Mühe also auf sich nehmen und die Kartoffeln selbst reiben. Bei uns wird natürlich auch das Apfelkompott mit unseren eigenen Äpfeln selbst gemacht. Es gibt aber auch gute, ungesüßte Apfelkompotts fertig zu kaufen.

Zubereitung

Die Kartoffeln reiben. Die Eier verquirlen und den Kartoffeln untermengen. Mit Salz abschmecken. Die Äpfel schälen. 3 Äpfel davon kleinschneiden und in einen Topf geben. Mit wenig Wasser auffüllen und zerkochen lassen. Wenn die Äpfel zerkocht sind, pürieren und mit Zucker und Zimt nach Belieben abschmecken. Mit dem Apfelsaft in die gewünschte Konsistenz bringen. Den vierten Apfel in feine Würfel schneiden und in das heiße Kompott geben.

KARTOFFEL-OLIVEN-PÜREE

Zutaten für 4 Personen

1 kg mehligkochende Kartoffeln
0,2 l Milch
80 g Butter
nach Belieben
40 g schwarze Oliven
Olivenöl
Muskatnuß
Salz

Ich weiß nicht warum, aber irgendwie lieben alle Menschen Kartoffelpüree. Vielleicht, weil es uns an unsere Kinderzeit erinnert. Ich bereite den Kartoffelbrei am liebsten mit Olivenöl, weil er dann etwas dünnflüssiger ist und einen kräftigeren Geschmack hat. Am feinsten wird das Püree, wenn man zum Zerdrücken eine Spätzle-Presse verwendet.

Zubereitung

Die Kartoffeln schälen und in Stücke schneiden. Wichtig dabei ist, daß die Stücke nicht zu klein sein dürfen, sonst zerkochen die Kartoffeln und das Püree wird matschig. Die Kartoffeln kochen, bis sie weich sind. Zwischenzeitlich die Milch mit der Butter, Salz und etwas geriebener Muskatnuß zum Kochen bringen. Die Kartoffeln abgießen und kurz ausdampfen lassen. In eine Schüssel pressen oder darin zerstampfen. Die heiße Milch dazugeben, kräftig rühren und mit reichlich Olivenöl in eine sähmige Konsistenz bringen. Nach Belieben gehackte Oliven darübergeben.

KARTOFFEL-APFEL-GRATIN

Zutaten für 4 Personen

400 g Kartoffeln
2 Äpfel
200 g Sahne
100 g Butter
50 g alten Gouda
Muskatnuß
Salz, Pfeffer

Das Kartoffelgratin ist eine der beliebtesten Beilagen in unserem Hause. Ohne die Äpfel ist es eine herrliche Ergänzung zu Rindfleisch oder Lamm. Statt des Goudas verwende ich dann Parmesan. Außerdem verfeinere ich den Geschmack mit einer durchgepreßten Knoblauchzehe.

Zubereitung

Die Kartoffeln und die Äpfel schälen und in hauchdünne Scheiben schneiden. In einer gebutterten Auflaufform schichten. Die Sahne mit der Butter aufkochen und mit Salz, Pfeffer und geriebener Muskatnuß kräftig abschmecken. Die Sahne in die Auflaufform gießen und mit dem geriebenen Käse bestreuen. Bei 180° C (E) etwa 30 Minuten backen.

KLARE KARTOFFELSUPPE

Zutaten für 4 Personen

8 mittelgroße Kartoffeln
2 Karotten
2 Zwiebeln
1/4 Sellerie
1/2 Petersilienwurzel
200 g Speck
1,5 l Brühe
1/2 Bund Blattpetersilie
Majoran
Salz, Pfeffer
und nach Belieben
Wiener Würstchen

Es gibt nichts Schöneres als an einem kalten Wintertag nach Hause zu kommen und eine heiße Kartoffelsuppe vorzufinden, die von innen wärmt und in der Küche eine herrlich gemütliche Atmosphäre verbreitet.

Zubereitung

Die Zwiebeln kleinhacken, den Speck würfeln und alle anderen Zutaten in zentimetergroße Würfel schneiden. Den Speck und die Zwiebeln in wenig Öl anschwitzen. Die Karotten, den Sellerie und die Petersilienwurzel hinzufügen. Alles einmal durchschwitzen. Die Kartoffeln hinzufügen und mit der Brühe auffüllen. Solange kochen lassen, bis alles noch bißfest ist. Mit Salz, Pfeffer und Majoran abschmecken. Die Wiener in einem separaten Topf heiß werden lassen und zur Suppe essen. Um eine Kartoffel-Rahmsuppe zu erhalten, kann man zu den Zutaten noch 400 g Sahne hinzufügen. Genauso vorgehen wie bei der klaren Kartoffelsuppe, lediglich alles etwas weicher kochen. Am Schluß komplett pürieren und mit der Sahne auffüllen.

KARTOFFEL-GNOCCHI

Zutaten für 4 Personen

1 kg ausgedampfte Kartoffeln
240 g Mehl
1 Ei
2 Eigelb
Mondamin
Muskatnuß
frische Salbeiblätter
Olivenöl
Salz

Ein Gericht, das ich ungerne in Restaurants bestelle, sind Gnocchi, denn wenn sie nicht wirklich hundert Prozent frisch zubereitet sind, schmecken sie leicht gummiartig. Zu Hause koche ich sie allerdings gerne, wenn ich ein bißchen Zeit habe. Am liebsten mit mehlig kochenden Kartoffeln. Klassisch wird dieses Gericht nur mit Olivenöl, Salbei und Käse gereicht.

Zubereitung

Die Kartoffeln mit der Schale kochen, abgießen und bei 60° C (E) im Backofen eine halbe Stunde ausdämpfen. Dann die Kartoffeln schälen und durch eine Kartoffel- oder Spätzlepresse drücken. Auskühlen lassen. Die Kartoffelmasse mit dem Ei, dem Eigelb und dem Mehl gut miteinander verkneten und mit Salz und geriebener Muskatnuß würzen. Zum Ausrollen des Teigs Mondamin auf die Arbeitsplatte geben. Mit den Handflächen aus dem ausgerollten Teig kleine Kugeln formen und mit dem Rücken einer Gabel aus den Kugeln in der Hand ovale Gnocchi formen. Diese in kochendes Salzwasser geben, solange bis die Gnocchi oben schwimmen. Dann noch 3 bis 4 Minuten bei abgeschalteter Hitze im Wasser fertig ziehen lassen. Gnocchi herausnehmen und in einer Pfanne mit Olivenöl und dem Salbei goldbraun braten.

DIE EIER

Früher war das Ei Symbol des Frühlings und der Fruchtbarkeit, denn es steht am Anfang des Lebens. In der archaisch-asiatischen Kultur entsteht die Welt aus einem Ei, das entzwei bricht und dessen obere Hälfte sich in den Himmel und der untere Teil in die Erde, das Eigelb zur Landmasse und das Eiweiß zu den Ozeanen verwandelt.

PFANNKUCHEN GEFÜLLT MIT AUSTERNPILZEN

Zutaten für 4 Personen

1/4 l Milch
100 g Mehl
2 Eier
50 g flüssige Butter
Muskatnuß
Salz, Pfeffer

Für die Füllung:

400 g Austernpilze
2 Schalotten
2 Tomaten
gehackte Petersilie
1 Knoblauchzehe
Olivenöl

Austernpilze werden im Volksmund auch Buchenschwämme genannt, da sie lagenweise auf Stämmen und auf Ästen geschlagener Laubbäume wachsen. Ihr Fleisch ist saftig und zart. Es gibt zahlreiche Sorten von Austernpilzen, die alle verschieden Saison haben. Aus diesem Grund kann man sie auch das ganze Jahr über kaufen. Am besten verwendet man nur junge Pilze, die möglichst frisch gegessen werden.

Zubereitung

Für den Teig die Milch, das Mehl und die Eier mit Salz, Pfeffer und geriebener Muskatnuß gut miteinander verrühren. Eine halbe Stunde kühl stellen und dann nochmals rühren. Für die Füllung die Austernpilze, die Tomaten und die Schalotten klein schneiden. Die Zwiebeln mit Olivenöl in einer Pfanne anbraten und die Austernpilze dazugeben. Zum Schluß die gewürfelten Tomaten dazugeben, damit sie nicht zerfallen. Die Knoblauchzehe pressen und unter die Masse geben. Salz, Pfeffer und gehackte Petersilie hinzufügen und alles in der Pfanne gut verrühren. Den Pfannkuchenteig ausbacken und mit der noch warmen Pilzmasse füllen. Sofort servieren.

BROCCOLI-AUFLAUF

Zutaten für 4 Personen

1 kg Broccoli

100 g Parmesan

0,1 l Milch

60 g weiche Butter

40 g Mehl

3 Eigelb

3 Eiweiß

Salz, Pfeffer, Muskat

Zubereitung

Broccoli putzen und kleine Röschen in Salzwasser blanchieren. Butter erhitzen und das Mehl hinzufügen, zu einer Masse verarbeiten und die Milch hinzugeben. Der weißen Masse nach und nach die Eigelbe hinzufügen und den Parmesan unterheben. Das Eiweiß zu Schnee schlagen und unter die Masse heben. Mit Salz, Pfeffer und Muskat abschrecken.

Die Broccoli-Röschen in eine gebutterte Auflaufform verteilen, mit der Masse bedecken und bei 200° C goldbraun backen.

DAS BROT

Jedes Land zeichnet sich durch sein typisches Brot aus, das berühmte Baguette der Franzosen, das Ciabatta der Italiener, das Knäckebrot der Schweden oder das Toastbrot der Amerikaner. Wenn ich jedoch lange im Ausland war, freue ich mich besonders auf ein frisches Stück Schwarzbrot mit Butter und einem köstlichen Schinken.

Chianti Classico
Imbottigliato nella zona
di produzione da
Pietro Regoli
nella sua Cantina di
Greve in Chianti - Italia
1980

OLIVENBROT

Zutaten für 4 Personen
250 g Roggenmehl
250 g feiner Polentagrieß
100 g Weizenmehl
2 EL Kürbiskernöl
2 EL Olivenöl
30 g frische Hefe
0,33 l lauwarmes Wasser
100 g geschälte Kürbiskerne
60 g schwarze Oliven
1 TL Zucker
1 TL Salz
1/2 TL geschroteter Pfeffer

Brot selber zu machen lohnt sich besonders, wenn man Nüsse, Rosinen oder andere, den Geschmack prägende Zutaten einbacken will.

Zubereitung
Alles Mehl, den Polentagrieß, Salz, Pfeffer und Zucker in eine Schüssel geben und gut mischen. Die Hefe fein zerbröselt in die Schüssel geben. Das Kürbiskernöl und das Olivenöl hinzufügen und mit dem lauwarmen Wasser gut durchkneten. Den Teig 1 Stunde an einem warmen Platz, beispielsweise auf einer Heizung, mit einem Tuch abgedeckt oder in einer Tupperdose gehen lassen. Zwischenzeitlich die Kürbiskerne ohne Fett in einer Pfanne anrösten. Die Oliven kleinhacken und hinzufügen. Den Inhalt der Pfanne dann unter den aufgegangenen Teig geben. Den Brotteig in der gewünschten Form auf ein Backblech mit Backpapier legen und nochmals 15 Minuten gehen lassen. Den Teig mit Olivenöl bestreichen und bei 200° C (E) 45 Minuten lang backen.

BRUSCHETTA

Zutaten für 4 Personen
8 große Weißbrotscheiben
4 große Fleischtomaten
mindestens 8 Basilikumblätter
2 Knoblauchzehen
Olivenöl
Salz, Pfeffer

In Italien wird eine dicke Scheibe Landbrot, die über dem Holzfeuer oder im Ofen geröstet und dann mit Olivenöl beträufelt wird, als Bruschetta oder Fettunta bezeichnet. Diese typische italienische Vorspeise lebt genau wie die Gazpacho von der Qualität der Tomaten und der großzügigen Verwendung von Knoblauch. Die Italiener essen Bruschetta vor allen Dingen im Herbst zur Olivenernte oder im Sommer, wenn die Tomaten und der Basilikum reif werden.

Zubereitung
Das Weißbrot ganz kurz toasten, damit es fest wird. Die geschälte Knoblauchzehe darauf verreiben. Die Tomaten kurz blanchieren und die Haut abziehen. Dann vierteln und das Kerngehäuse entfernen. Die Tomatenviertel in Würfel schneiden und auf die Brote verteilen. Alles salzen und pfeffern. Kurz im Ofen erwärmen und auf einem Teller mit dem gehackten Basilikum bestreuen und mit Olivenöl beträufeln.

TESSINER SANDWICH

Zutaten für 4 Personen

Ciabattabrot zum Selberbacken (gibt es im Supermarkt in der Tiefkühltruhe)
300 g Gouda
4 Tomaten
4 Scheiben italienischen Schinken
Basilikum
Butter
Salz, Pfeffer

Einfaches Gericht für einen Sonntagmorgen, wenn der Bäcker geschlossen hat und noch Ciabattabrot in der Tiefkühltruhe liegt. Schnell, kompakt, wenn man keine Lust und Zeit hat, ein großes Frühstück vorzubereiten.

Zubereitung

Das Ciabattabrot aufschneiden, buttern und mit Käse, Schinken und Tomaten nach Belieben belegen. Basilikum, Salz und Pfeffer nach Geschmack hinzugeben und im Ofen ungefähr 12 Minuten aufbacken.

TRAMEZZINI

Zutaten für 4 Personen

8 Scheiben Toastbrot
150 g Thunfisch ohne Öl
2 EL Kapern
2 EL Crème fraîche
Saft einer 1/2 Zitrone
Weißwein
Olivenöl
Salz und Pfeffer

In einem Sommer in Porto Ercole habe ich die Tramezzini als ein köstliches Frühstück schätzen gelernt, das ich an einem Morgen im Hafen eingenommen habe, bevor ich meine Einkäufe erledigte. Das Schöne an Tramezzini ist, daß sie sich beliebig variieren lassen. Man kann sie mit den verschiedensten Belägen verfeinern. Besonders gern verwende ich Parmaschinken oder Tomate mit Mozzarella und Basilikum, Salami oder Putenfleisch. Zum Verfeinern eignen sich frische, dünne Gurkenscheiben. Als Brot benutzt man am besten amerikanisches Toastbrot oder frisches Kastenweißbrot.

Zubereitung

Die Rinde vom Toastbrot entfernen. Den Thunfisch, die Crème fraîche, die Kapern, den Zitronensaft, einen Schluck Weißwein und Olivenöl, Salz und Pfeffer in einen Mixer geben und sähmig verquirlen. Nach Belieben auf die Brote geben.

CROSTINI

Zutaten für 20 geröstete Weißbrotscheiben

mit Hühnerleber

300 g Hühnerleber
1 große Zwiebel
2 Knoblauchzehen
1 Bund Schnittlauch
1 Glas Weißwein
Olivenöl
Butter
Salz, Pfeffer

mit Steinpilzen oder Champignons

500 g frische Steinpilze oder Champignons
1 große Zwiebel
1 Knoblauchzehe
1/2 Bund Petersilie
Olivenöl
Salz, Pfeffer

mit Mus von schwarzen Oliven

3 kleine Artischocken
300 g schwarze Oliven
Kapern
Sardellenfilets
Zitronensaft
Olivenöl
Pfeffer

Zubereitung nächste Seite ...

Zubereitung: Crostini mit Hühnerleber

Die Zwiebeln würfeln und in der Pfanne anbraten. Die Hühnerleber hinzugeben und mitbraten. Den Knoblauch pressen und ebenfalls hinzugeben. Mit einem Glas Weißwein ablöschen und reduzieren lassen. Mit Salz und Pfeffer abschmecken. Im Mixer mit 50 g Butter zerkleinern. Auf die Brote streichen und mit Schnittlauch garnieren.

Zubereitung: Crostini mit Steinpilzen und Champignons

Die Zwiebeln und die Pilze würfeln. In Olivenöl andünsten und 3 Flocken Butter dazugeben und mit Salz, Pfeffer und Knoblauch abschmecken. Wenn alles gar ist, mit Petersilie bestreuen und noch warm servieren.

Zubereitung: Crostini mit Mus von schwarzen Oliven

Die Artikschocken, Oliven, Kapern und Sardellenfilets in einem Mixer fein pürieren und mit Olivenöl, Zitronensaft, 3 Flocken Butter und Pfeffer abschmecken.

BROTSALAT

Zutaten für 4 Personen

1 Weißbrot, gewürfelt
3 rote Zwiebeln
2 Knoblauchzehen
500 g blanchierte und geviertelte Tomaten
1 Bund Basilikum
Rotwein-Essig
Balsamico-Essig
Olivenöl
Salz, Pfeffer

Zubereitung

Mit dem Olivenöl, dem Rotwein-Essig und Balsamico-Essig, Salz und Pfeffer eine Vinaigrette herstellen (siehe auch Seite 87). Die Zwiebeln in feine Streifen schneiden. Die Knoblauchzehen in einer Presse zerkleinern und direkt unter die Vinaigrette mischen. Das Weißbrot in der Pfanne im Olivenöl anrösten. Alles zusammen marinieren und direkt servieren. Hierzu passen auch sehr gut gebratene Riesengarnelen und zum Garnieren 20 Jahre alter Balsamico-Essig.

Lithographie: M&R Innovative Kommunikation GmbH

Satz: Walinsky Grafik-Design

Druck: Bliesdruckerei Peter Jung GmbH

Dieses Buch ist gedruckt auf LuxoArt Silk, 170 g/m², Bilderdruck, holzfrei, halbmatt gestrichen von Schneidersöhne Papier, ein Produkt der Metsä Serla Papier Gruppe, Werk Äänekoski.